DER MANN UND DAS HANDMÄHGERÄT

D1670750

Infos und Kontakt zum Autorenkollektiv Frei!Geist & Frei!Geist Autorenverlag:

Website: www.autorenkollektiv-freigeist.de

Mail: autorenkollektiv@gmx.de

Facebook: www.facebook.com/autorenkollektiv

Instagram: www.instagram.com/freigeist.autoren

Twitter: www.twitter.com/Autorenkollekt

MARIE LENSCHOW

DER MANN UND DAS HANDMÄHGERÄT

2022 Frei!Geist Autorenverlag

Alexander Kiensch

Neuhaldenstraße 56,

70825 Korntal-Münchingen

Druck: epubli - ein Service der neopubli GmbH, Berlin

Printed in Germany 2022

ISBN 978-3-756552-27-6

Inhalt

Der Mann und das Handmähgerät

Ein Teil von Gernot

Gastbeiträge

für Gernot
in Liebe an dich
in Hoffnung, dass es dir besser geht

Vorwort

Am 6. 2. 2022 verlor ich meinen Seelenverwandten. Mein Vater starb im Alter von 80 Jahren als kompletter Pflegefall, nachdem er drei Blutvergiftungen hintereinander halbwegs überstanden hatte, im Krankenhaus. Sein Körper war zerrüttet vom Krebs, seine Organe von zu vielen Entzündungen geschwächt, die Gedanken und Erinnerungen von Demenz zerfressen und sein Herz von all den Schmerzen und Anstrengungen geschwächt. Vier Jahre habe ich mit ihm gelitten. Nach einem Schlaganfall, von dem niemand sagen kann, ob es wirklich einer war, kam er nie mehr nach Hause, in diese kleine, staubige, dunkelgrüne Wohnung eines depressiven, gescheiterten Künstlers, in der ich ihn so gern besuchte, in einem süßen, schiefen Hexenhaus. Vier Jahre lang begleitete ich meinen Vater auf dem Weg zum Tod, trauerte, schloss ab, nur um dann doch erneut zu trauern und wieder abzuschließen, um wieder und wieder und wieder zu trauern … Während all dieser Zeit verarbeitete ich meinen Schmerz, meine Sorgen und Gedanken durch das, was ich am liebsten tue und wahrscheinlich besser kann als alles andere, was ich so tu: Ich schrieb. Während ich meinen Kummer mal in Tränen, mal in Bier ertrank, schrieb ich auf, was ich fühlte, um nicht komplett in der inneren Dunkelheit zu versinken, in die mich die Konfrontation mit dem Tod eines Menschen, den ich so sehr liebe, hinein zu ziehen drohte.

Ein liebender Vater, zurückgezogener, bescheidener Geist, hemmungsloser Genießer, großartiger und leider viel zu erfolgloser Künstler wurde aus dieser Welt getragen, an einen Ort, den kein Lebender kennt. Ein Mensch, der so durchdrungen war von der Kunst, dass er mehr Kunst war als Mensch. Farbe, Form, Linien, Struktur, Schrift, Fläche und Raum, er nutzte sie alle. Als Designer, Maler, Objektkünstler und Dichter gab mein Vater dem künstlerischen Schaffen ein Zuhause in sich, in dem es sich voll entfalten konnte. Nun fehlt er, fehlt in der Welt, und ich möchte, nein ich muss einen Ausgleich schaffen und der Welt zeigen, wen sie verloren hat, wen ich verloren habe, den weder sie noch ich jemals komplett kannten, den weder sie noch ich je zurück bekommen werden.

MIT LÖFFELN KANN MAN SCHNEIDEN

am Fenster sitzend
denke ich nach
über das Alter
über die Jahre
über die Zeit
und schicke leere Blicke
in die Dunkelheit

Gedanken in die Luft ritzend
neben dem Dach
über die Jahre
über das Alter
und das was bleibt
das laute Uhrengeticke
der ~~Unendlichkeit~~ Vergänglichkeit

I

ein Paar Leute auf dem Weg
auf dem der Tod so oft steht
und dabei trockene Blätter pflegt

ich sitze zusehend neben dran
wie festgeschnürt auf einer Bank
festgeschnürt und doch entspannt

betrachte lebende Körper von Leuten
die mir alle nichts bedeuten
die mir nicht viel bedeuten

was bedeutet tot für dich
was bedeutet tot für mich
was bedeutet tot für sich

dreht es sich ums Eck?
dreht es sich im Kreis?
Weiß um Schwarz
und schwarz um weiß?
schlecht um gut
und Gut um Schlecht?
Was ist wirklich? Was ist echt?
Ich denke ohne jeden Beweis

II

Heimweh
stechende Schmerzen
rennendes Gefühl
im brennenden Herzen
Frust der in dir
wie Durstigsein brennt
irgendwas sucht man
wo man hin will
nicht hin kann
weil mans nicht finden kann
zu weit weg
oder so
von den Dingen
den Menschen
Orten Gefühlen
die man am meisten liebt
ohne Verbindung ist man dann
aus dem Zusammenhang gerissen
Teile des Puzzles fehlen
aus dem Ei gepellt
Lückenfinder
neues wächst
aus der brüllenden Leere

III

es gibt ein Foto von uns beiden
an meinem Fenster steht
ein schönes Bild
aus einer Zeit in der es dir besser ging
uns beiden
manchmal sehe ich es an
aber denk auch ohne oft genug an dich
wie du in deinem Sessel
von Weisheit umgeben sitzt
und nicht glücklich sein kannst
nur ängstlich

dann riecht es oft nach Regen
du trägst schwarz
ich hoffe deine Seele ist
immer noch
bunt
und wir reden über alles
Unwichtige
umgeben von Dingen
die dir wichtig waren
und die Dinge begraben dich unter ihrem Staub

geben sie dir das Gefühl
unsichtbar zu sein?
unwichtig?
Sie belügen dich
wärst du unwichtig
gäb es mich nicht
ich wäre nicht hier

neben dir und dem Staub
und sorgte mich
du wärst nicht alleine
du wärst nicht mehr da

IV

auch wenn es unnütz ist
hasst ein kleiner Teil von mir
dich dafür
dass du gehen musst

V

zweieinhalb Pflanzen auf dem Tisch
in diesem Zimmer das viel zu kahl für dich ist
manchmal fliegt ein Wort vorbei
leider ist manchmal nur hier und da
nicht immer
zu wenig
der Strom unterbrochen oder
unter die Decke gekrochen
hinter den Wänden brutzelndes Gebrenne
vor neugierigem Herumgesinne verborgen
allgegenwärtige
geheime Reiberei

Von Marie und Gernot Lenschow

VI

der Tod ist immer da da da
wir könnten Freunde sein
aber ist niemals wirklich klar
ist vieles ein bisschen
nur ganz und gar ist er
nicht klar umrissen
wie ein Reiher steht er unbewegt
unbemerkt und oft vergessen

sehr geehrter Vater Tod
wann trägst du mich ins Grab?
hast dich mit der Zeit gepaart
durch euch zwei bin ich bemessen
vielleicht ist es morgen
für das Abendbrot bereits zu spät
bekomme ich noch Mittagessen?

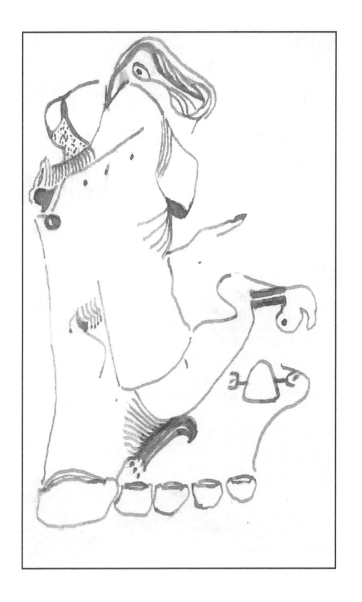

VII

ich weine nicht mehr
und bin doch noch nicht bereit
dich ohne Traurigkeit zu sehen

es schmerzt so sehr
ohne die Vergangenheit
in die Zukunft zu gehen

hörst du mich?
Oder mein Denken?
Es ist zu leer um dich herum
es fällt so schwer
ohne dich zu schreiben

müsstest du für mich nicht
dieser schrullige Mann bleiben
der selten fröhlich guckt
und zu oft seine Kinder anruft

wäre dieses riesige Problem
das wir teilen
vielleicht weniger groß

ruf nochmal an
vielleicht kann ich dann
wieder weinen

VIII

das Licht ist so hell
dass es dich blendet
es kneift dich ins Auge
so dass es brennt
während du jammerst

aber Licht hört dich nicht
nimmt keine Rücksicht
ist einfach da
und hell
und kneift

IX

meine Worte fehlen
ich weiß nicht was ich will
was ich sagen will
tun oder lassen
oder beides
es verbinden
in der Mitte stehen
sitzen liegen laufen
mich verbiegen und gerade ziehen
und daran glauben
dass das Gute an mich glaubt

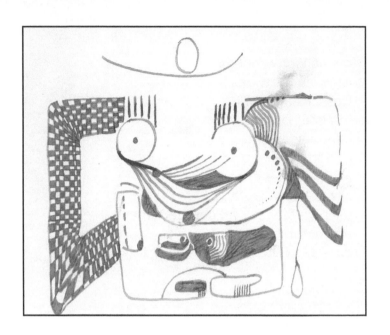

X

geht es dir gut
geht es dir gut
geht es dir gut
oder wie mir
zwischen gut
und schlechter
zwischen stark
und schwächer

?

XI

DIE WOHNUNG UNTER IHM

Ohne es angemessen zu verstecken, gähnt sie ihn täglich an. Jeden Tag. Obwohl sie auch anderes tun könnte. Doch wenn er vorbei geht, dann gähnt die Wohnung unter ihm, und wenn er vorbei gegangen ist, tut sie es noch einmal – heimlich.

Einmal fiel mir auf, dass sie leuchtete. Als wäre der alte Mann noch da. Es schien einfach so. Es sah danach aus, und dann gähnte sie wieder.

»Mach das Licht bitte aus.« Sagte mein Bruder. »Dann scheint es, als wäre jemand da.«

Er sagte es nüchtern, und für mich klang es traurig, unsicher, vor allen Dingen bitter. Ich sah ihn schon so oft ertrinken in den Schatten dieses schiefen Hauses, und ich sah ihn sich betrinken. Noch nie so bewusst, und noch nie hatte ich dabei diesen Stein in meiner Mitte getragen, nur die eine Haut um mich herum. Sie ist heiler als seine.

»Es soll doch keiner einbrechen.« Setzte er hinzu, um mich zu beschwichtigen. Zu spät. Es war schon passiert. Die Sorgenfalte war geplatzt, heimlich, hinter meiner Stirn, und schrie rücksichtslos in meine Ohren:

»Er vermisst den alten Mann, er braucht ihn. Vielleicht dreht er durch, jetzt, da der weg ist, und braucht den Schein, um diesen gähnenden Abgrund unter sich nicht mehr zu hören ... Vielleicht braucht er mich gerade jetzt ... Wie er jetzt wohl guckt, im Zimmer nebenan – hat er Tränen in Augen und Gesicht? Er tut doch immer nur so stark, ich sollte zu ihm gehen, ihn umarmen, im anderen Raum.«

Unsicher blickte ich durch den Flur, stumm wie die Alge im Wind. Innerlich unsichtbar drehte ich mich um, ich verließ das Haus und ging. Vorbei an der leuchtenden, an der gähnenden Wohnung unter ihm. Seitdem sah ich sie nicht mehr leuchten, nicht mehr lügen. Der Zauber ist hin. Er ist wohl mit mir gegangen, wie die Angst vor Einbrechern, vor Einsamkeiten. Aber sie gähnt nun lauter. Lauter als zuvor in meinen Gedanken.

XII

meine Augen kämpfen gegen Tränen
wegen Pollen und Gedanken
die sich zu viel trauen
weil sie zu viel wollen

manchmal sind die Schultern
trotz Frühling schwer
und scheinen noch schwerer zu sein
in all der Leichtigkeit umher

XIII

ich rauch noch eine
zur Entspannung
sollte aber schlafen gehen
es ist viel zu viel passiert
ich muss verarbeiten
nachdenken
aber noch hock ich hier
an der Fensterbank
kritzle Worte auf Papier
starrend auf verlorenes Getier
das die Straßenlichter attackiert
und dabei leise heimlich stirbt
wunderschön leuchtend
Leben die sich selbst als Opfer
den Toden präsentiern
nicht aufgeben
nur weil sie nicht anders können
automatisch zum Opferaltar getrieben
wie per Mausklick
wir können es doch auch nicht
wenn wir ehrlich sind
zu überleben ist ein Hirngespinst
das sich in der Zeit verliert

XIV

STERNSCHNUPPENSCHAUER

hast du dir einmal
so sehr etwas gewünscht
dass der Gedanke wehgetan hat
unter bittenden bitteren Tränen
mit schmerzend reißender Angst im Herzen
davor dass es doch nicht eintreffen kann
nicht wird
so schlimm dass du auf Linderung hoffst
in dem Wunsch dass
das Wünschen endlich stoppt
aber natürlich endet es dann nicht
sonst wäre dieser Wunsch
am Anker deines Wesens
niemals etwas wert gewesen

XV

GÄNSEHAUT

zu viel Langeweile
hat sich breit gemacht
die nun zeitlos
hinter deinen Schläfen schläft
und mich so sehr stört
die uns beide begrenzt
und du ignorierst sie so
als hättest du nur das
in deinem Leben gelernt
aber lässt sie nicht los
als wär sie das Einzige
was deinen Geist noch ernährt
hältst du sie fest
und klammerst
dabei beißt sie dich bloß
und kann nicht anders
sie raubt dir die weißen Haare vom Kopf
und klebt sie dir an die Ohren
wo sie wachsen schwärzer dicker werden
lässt die Augen in den Höhlen
verloren wirken
das Grün wird Grau
als wäre es nie da gewesen
lässt mich schmerzend
diesen Eindruck verdauen
dabei bietet die Welt
dir so viel mehr
du suchst es

du willst es nicht mehr
sitzt nur noch da und
hältst weniger werdend aus
was uns beide verzehrt

XVI

immer mehr wirst du weniger
alles was dich ausmacht geht
du wirst ausgemacht
ausgeschaltet wie ein Licht
das den Schlaf stört
du siehst dir selber dabei zu
neugierig
als wäre es schön
oder interessant
ist es das?
Wer sagt du hättest das gewollt
kannte dich nicht
du hast gelebt hast mich geliebt
du liebst mich immer noch
während du es weniger weißt
mich weniger kennst
weniger wirst

XVII

ich will weinen
plärren wie ein Kind
ich will weinen
heulen wie ein Wolf
laut und leidend
vor allem leidend
und im Leiden versinkend
meinen Tränen das Fließen erlauben

ich will rennen
strömen wie der Wind
ich will rennen
rasen wie ein Sturm
und dabei wie ein Feuer brennen
das sich selbst langsam erstickt
meinem Herz erlauben
den Schmerz zu fühlen den es mir bringt

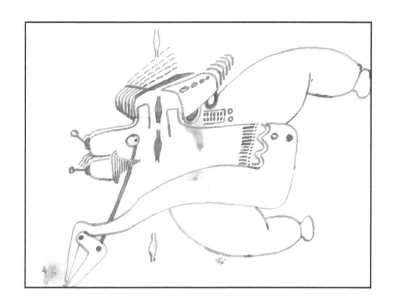

XVIII

will ich wirklich lange leben
Altsein steht mir sicher gut
alt und grau und faltig
und ganz sicher ungesund
unsensibel unflexibel
un und un und un
und vergesslicher
immer weniger
und nicht mehr ganz
da ...

XIX

FRAGENDE ERZÄHLUNG

wie oft haben wir
einfach nur gesessen
dumm aus der Wäsche schauend
Löcher in die Luft gestarrt
während ich mich nie getraut hab
dich zu fragen wie dein Leben war
aus dem ich wachsen durfte
wie oft haben wir ferngesehen
und aneinander vorbei
wie häufig haben wir in Stille badend
vor uns hin gedacht
wie oft hast du mir offenbart
dass meine Probleme
dass ich sie lösen kann
du hast mir gesundes Denken beigebracht
ich kann das alles nicht mehr zählen
aber viel zu selten hab ich dich umarmt

XX

dein Leben muss so bunt gewesen sein
bunter als meins denke ich
randvoll mit Linien Farben Formen
Wörtern Worten
seit ich dich kenne ist es dunkler
ist es schwärzer
bist du weniger geworden
hast seelisch abgenommen
unter strenger Diät
und jetzt lern ich Stück für Stück
wer du gewesen bist
bevor ich war
in Erinnerungen badend
von denen ich nicht sagen kann
ob es sie wirklich gab
in Erinnerungen badend
die mich wärmend umarmen
so wie du

XXI

es wird dich nie wieder geben
niemanden
der so sein kann wie du
der die Lücke füllen kann
die du ungeduldig formst
leider und zum Glück
zum Glück kann dich nichts ersetzen

du hast mich gebildet
aus Teilen
aus Fetzen deiner Selbst
aus Stücken deines Lebens
das ich nie ganz verstanden habe
ich hab dich nie gefragt
nur fragmentarisch hast du erzählt
während du weniger wurdest
während ich wachsen durfte
blind dafür dass du zerfällst
blind blickend auf Tatsachen
dass du irgendwann gehst
ich irgendwann ohne dich
der meine Fragen erhellt

XXII

das Einzige von dem ich sagen kann
dass ich es wirklich kann
das hast du mir gegeben
irgendwann bevor ich sehen konnte
was du in allem sahst
du
der nur noch herumliegen kann
halb und doch noch voll
am Leben
wie der Mond irgendwie
am einen Tag scheinst du so hell
und bist am nächsten unsichtbar
oder von Wolken umgeben
wartest voll erstickter Ungeduld
dass man dir Einlass gewährt
in eine andere Welt
mit einem halben Bein schon drüben

XXIII

du willst nach Hause
so dringend
von Heimweh umhüllt und zerfressen
wie von Glaswolldecken
sehnst dich nach Heimat
willst gehen aber kannst nicht mehr gehen
die Beine tragen nicht weiter
was sie für Jahrzehnte trugen
willst gehen aber traust dich nicht
willst uns allein lassen
aber fürchtest dich

XXIV

RUNNING UP THAT HILL

mein Herz zerbröselt leise
wenn ich dich sehe
der Zeit dabei zusehe
wie sie dich langsam mit sich nimmt
mit sich und von mir weg
auf Wege die ich noch nicht kenne

du hast nur noch so wenige Tage
ich habe viele
wenn ich mich bemüh
ich will dir was von meinen geben
was von meinen oder mehr
ich würde dir mehr geben
könnte ich nur
und könnte ich nur jeden mit dir verbringen
dir auf die Nerven gehen
deine Hände halten
die ganze Zeit
deine Hände mit Haut wie Pergamentpapier

ich würde singen bis du dich beschwerst
dass dir die Zähne davon schmerzen
ich würde lachen
bis mein Lachen zu deinem wird

XXV

DER BRIEF DEN DU ZUM GLÜCK NIE LESEN WIRST

Ich habe gewusst, dass dieser Moment kommen wird, dass er sich nicht aufschieben, nicht verdrängen lässt. Ich habe gewusst, dass er im Dunkeln lauert, und ich hab gedacht, dass wir Zeit haben werden, bis er sich zeigt, dass noch Jahre vergehen, bis du mich ansehen wirst und nicht erkennst, wer da steht und welche große Rolle du in meinem Leben spielst.

Auch jetzt noch, wenn du mich ansiehst, im Bett liegend, mit Tränen in den Augen, und mich fragst, wie es sein kann, dass du dich nicht an mich erinnerst.

Ich spüre deine Angst wie Essig durch meine Knochen fließen. Unberechenbare Angst vor dem unberechenbaren Tod, der immer näher kommt. Sie wirst du wohl nie vergessen können, das wäre viel zu schön. Und doch wartest du darauf, dass es enden wird, dass das verwirrende Vergessen endlich enden wird, dass all der Wahnsinn aufhört.

Ich warte mit dir ängstlich bis zum Ende. Vertraue mir. Und doch kann ich eines nicht leugnen:

Mit aller Liebe, die ich im Herzen trage, wünsch ich dir den Tod. Den Tod, der schnell kommt und doch lang erwartet, wie ein Freund in der Not. Der kommt, dich mit Trost und Erleichterung ummantelt, dir die Sorgen nimmt, die Schmerzen. Der deine Neugierde in helle Arme hüllt, wie Mütter ihre Kinder. Mit Wärme. Mit Güte. Mit Geduld.

Bitte ... lass dich mitnehmen ... lass dich tragen. Alles, was dich dort erwartet, wird besser sein als alles, was du hier noch erfahren kannst. Hier warten nur noch Kummer und Leid auf dich, die zu Kummer und Leid für mich werden.

Aber vergiss bitte nicht, dass ich erst aufhören werde, dich zu lieben, wenn die Hölle gefriert.

XXVI

ich benutze
deine Pfannen
Tassen
Krawatten und Hemden
mache all die Kreuzworträtsel
die du nicht mehr lösen kannst
du bist überall
durchwächst mein Leben
wie Moos einen Stein

es ist nicht du genug

ich trage deinen Schmuck
hänge deine Bilder auf
will dich auf T-Shirts drucken
les Gedichte die du einmal schreiben musstest
weil es deine sein mussten
niemand anders hätte es gekonnt
ich seh dich in allem
seh dich in mir

aber nicht dich genug

nicht dich
sitzend in Dunkelgrün mit
gelben Vorhängen vor den Fenstern
besorgten vor den Augen
in allem du

aber nicht du genug

nicht du der am Gartentor wartet
besorgt wenn ich zu spät komm
und der Wörter komisch ausspricht
und Bach viel zu laut hört
oder Beethoven
ich höre Bach
ich höre Beethoven

aber ohne dich
ist es nicht du genug

XXVII

als hätte sich
mein Inneres nach außen
gestülpt. Der Regen trommelt,
nervt permanent mein Hirn, meine
Gedanken, meine Stirn.
Der Wind drückt sich wie Blei durch meine Lungen
dass ich kaum atmen kann und
mir schnürt die Kälte die Kehle zu als
würde ich zu viele viel zu enge
Schals tragen.

Es ist so dunkel, ich kann
fast nicht sehen, oder weiter
sehen als sie mir erlaubt, die dichte Dunkelheit
nicht weiter als ich fühlen kann,
nicht weiter ... dabei muss es immer
irgendwie weiter gehen.
Aber kein Licht ist greifbar für dich,
wie soll ich es für dich erreichen
nur ekliges Krankenhausneonlicht
es grinst mit
viel zu blanken Zähnen
du leidest und schläfst.
Ekliges Alles umhüllt mich
von innen heraus
durch die äußerste Hautschicht.
Mein Herz ist scherbenhaufenhoch
ich glaub ich sterbe
innerlich.

XXVIII

todkrank
aber was
von was
Leben
hättest du nie gelebt
müsstest du nicht gehen
würde ich dich nie verlieren
mit niemandem der sagen kann
wann du wirklich gehst

XXIX

schon wieder merke ich
dass ich komisch bin
seltsam nichtssagend ohne Ziel treibe ich
von hier zu dort aber
nirgends hin
Trost kommt von da
wo ich glaube
dass du genauso warst
bevor du anders wurdest

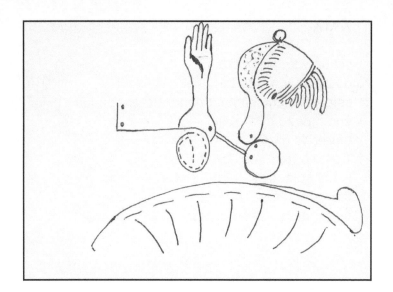

XXX

POSTHUM

was bist du jetzt noch
keine Wolke
weniger
vielleicht Staub
ohne vielleicht
das Wort das du nie mochtest
mehr für mich
weiter
schrecklich und wundervoll
in einem komischen Eintopf
bunter als deine
Gedanken in den letzten Jahren

was bist du noch
du bist schmerzfrei
du bist Efeu
du bist rot und gelb und blau
und alles was du sein willst
ich hoffe du bist frei

XXXI

Es ist so schön, sagen zu dürfen und fühlen zu können, dass ich dich kannte ... mehr als kannte ... immer noch kenne. Dass wir wichtige Teile im Leben des anderen waren und sind und immer sein werden.

27 Jahre sind so schnell vergangen, und du hast schon viele vor mir gelebt, hast vieles vor mir erlebt, warst schon Menschen, deren Wesen ich nur erahnen kann und die ich trotzdem liebe bis in die Flüsse, die durch meine Knochen schwimmen.

Vor 20 Jahren habe ich dich oft genervt, und du hast mich angeschrien. Du bist das Letzte. Hast du oft gesagt. Du schmeißt alles runter. Hast du gesagt. Was kannst du eigentlich. Und ich trag es in mir, aber trage es nicht hinter mir her oder hinter dir. Die Dinge haben sich geändert. Du hast mir Steine geschenkt und Ketten und Hosen, die ich damals schrecklich fand und heute liebe und trage, obwohl sie nicht mehr richtig passen. Was nicht passt, wird passend gemacht, im Auge des Betrachters.

Du hast mir einen Baum geschenkt, ich hab ihn sterben lassen, es war okay. Das Leben ging weiter. Und wir saßen in deiner kleinen dunkelgrünen Höhle, im so so gelben Licht und haben ferngesehen, auch wenn Mama es verboten hat, bis ich einschlief. Haben uns durch Magazine geblättert, in denen man jeden Mist bestellen kann, und du hast viel zu viel Mist gekauft, um für kurze Zeit Freude daran zu haben. Ich glaube, du hattest selten Freude, aber Freude war immer da, wenn ich bei dir war.

Oft hast du Essen gemacht, in der kleinen, vollgestellten Küche, deine eigenen Kreationen. Dosenmagier. Wir haben Stunden für einen Salat gebraucht oder für Frikadellen. Du hast Auflauf gemacht, Chili con Carne mit Nürnberger Würstchen. Ich habs gehasst, aber genau das darf ich jetzt vermissen. Majoran, Thymian, Knoblauch und von allem zu viel, du konntest nicht gut schmecken. Aber es war dein eigenes Rezept, es hat nur dir gehört. Da war immer Schokolade in deinem Kühlschrank, auf dem Tisch neben dem Sessel eine Kanne gefüllt mit grünem Tee, mehr Zucker als Wasser dazu, Rum-Trauben-Nuss oder Marzipan. Du hattest deinen eigenen Kopf, deinen eigenen Geschmack, und du hast ihn gelebt, neben deinem Atelier, das irgendwann nur noch Lagerraum war und Durchgang zum Bad. Und trotzdem warst du immer Künstler, deine Kunst lebt in mir weiter wegen dir.

Du hast mir so viel beigebracht:

Kunst ist Übung. Nur schlechte Künstler erklären ihr Werk. Verrückt zu sein heißt nicht mehr als nicht neben den anderen Möbeln gerade an der Wand zu stehen. Merkwürdig sein ist gut, dann merkt man sich dich. Bunt ist die schönste Farbe. Vielleicht und irgendwie zu sagen ist wie nichts zu sagen.

Aber was ich nie vergessen werde, eine unterschätzte Lektion, die so unglaublich schwer zu lernen ist ... Ja zu sagen erscheint so leicht und braucht doch so viel Mut. Du hast dich aufgegeben, aber nie die anderen. Du hast dein Leben, dein Glück geopfert um bei deinen Kindern zu bleiben. Für sie da zu sein, sie zu unterstützen, sie jeden Tag zu erleben. Du hattest immer solche Angst um uns. Du konntest alles verlieren, nur uns nicht. Und ich kann es jetzt verstehen. Der Tod kann immer passieren, und du hast ihn mehr als alles andere gefürchtet, für dich selbst und für uns.

Aber dir ging es nicht gut, und ich habe es zwar gesehen, aber erst viel zu spät verstanden. Du warst mein Papa. Ich dachte, Papas können alles und dass es denen doch gar nicht richtig schlecht gehen kann. Und erst viel zu spät hab ich verstanden, was dein Alter für mich heißt, für mein Leben, das so bald ein Leben ohne dich werden musste. Es heißt mehr als weiße Haare und schmerzender Rücken, mehr als schlurfende Füße auf dem Asphalt. Es heißt mehr als viel zu wissen und wenig zu sagen und pensioniert zu sein mit guter Rente, die doch immer irgendwo zu wenig ist. Es heißt mehr als alte Musik zu mögen, Bach, Beethoven und Heinz Erhardt und Otto Waalkes, als er noch wirklich lustig war. Es heißt mehr als Schallplatten statt CDs im Regal und haufenweise Lexika von Brockhaus statt Wikipedia.

Es heißt noch und noch älter zu werden und krank, wenn man nicht auf sich aufgepasst hat, und es hieß für dich, gehen zu müssen, nach zu langem, einsamem Leiden – für mich, dich loszulassen. Es hieß lustlose Müdigkeit, Bier am Abend, Kaffee tagsüber und so viel Angst vor allem.

Ich werde dein Lachen nie vergessen und wie glücklich du aussahst nach dem Haareschneiden oder wenn ich bei dir gestaubsaugt habe. Ich werde deinen Vollbart nie vergessen, deine verrückten, manchmal runden Brillen und dass du immer Schwarz getragen hast. Egal was, Hauptsache schwarz. Und den Klang dieser riesigen Flöte, in die du abends Schlaflieder sangst, auf deine ganz eigene Weise, nachdem du uns mit »ab in die Pfanne« ins Bett gejagt hast, trage ich für immer in meinem Herzen, direkt neben der Stimme, mal so lustig, mal so ernst.

Ich habe nicht nur einen Menschen besucht, wenn ich bei dir war, auch ein Gefühl. Das Gefühl heißt Papa, und es wird mir fehlen, bis ich es irgendwann in mir selbst finden kann.

Du hast diesen Tod gebraucht, es war deiner, nur deiner, viel zu stark gewürzt für die Zungen aller anderen. Ich wünschte, er hätte weniger Nachgeschmack. Ich wünschte, du wärst immer noch da, könntest mich in den Arm nehmen, wenn mein Leben wieder schwierig ist, mir sagen, dass alles vielleicht nicht gut wird, aber wird. Ich hoffe, du bist da, aber nicht mehr hier, wo nur Leiden dich verfolgte. Ich hoffe, dass du tief in meinem Herzen für immer rührst.

XXXII

DIE BITTERE FRUCHT

Leben ist langsames Sterben
zu leben heißt vergessen lernen
was Leben ist
es fassen lernen
bis zur Fassunglosigkeit

voller Apfel Birne und Banane
sagte Rilke
lies es einem Kind vom Angesicht
wenn es sie erschmeckt

ich hoff ich schmecke ähnlich gut
wem auch immer
was auch immer
mein Leben auf der Zunge trägt

bis ich Apfel Birne und Banane
werde
bis ich Apfel Birne und Banane
nicht mehr schmeck

Ein Teil von Gernot

Ein Brief von Gernot

Ein Brief von meinem Vater an seine Mutter, gegen 1960. Zu dieser Zeit hatte er seinen Rufnamen noch nicht von Hans-Friedrich zu Gernot gewechselt, daher beendete er den Brief noch mit seinem Kosenamen Hanfried.

Liebe Mutti! (Dies ist der vernünftigste Brief, den ich je geschrieben habe.)

Vielen Dank für den Brief. Warum ich nicht geschrieben habe? Ich weiß es nicht. Vielleicht war ich zu träge. Das bin ich meistens, hat aber nichts zu bedeuten. Ich wünsche Dir viel Glück für eure Ferienfahrt.

Meine Bestimmung ist noch nicht ganz raus. Naja! Mal sehen! [Leider werde ich dich vor und während der Ferien nicht sehen können, weil ich arbeiten werde oder auch nicht, wer weiß das genau. Außerdem ist das ja auch egal. Morgen und übermorgen haben wir Schule, dann frei und dann wieder Schule. Ich fluche schon die ganze Zeit über diesen labberigen Zustand. Aber wozu! Und dann kommen die Ferien.]

Sonst geht es mir eigentlich überhaupt nicht. Weder gut noch schlecht noch mittelmäßig. [Durch meine immense Malkunst habe ich die Kunstlehrerin für mich gewonnen. Ich kann von ihr jede Hilfe erwarten.] Durch meine immense Faulheit sprich Dummheit habe ich mit den meisten Lehrern gebrochen und das ist gut so. Mir fällt es leichter, sie zu verachten oder zu belächeln oder zu bedauern.

Das Bedauerlichste auf der Welt ist »Mensch zu

sein«! Ich habe kürzlich den »ewigen Witz« entdeckt. Ich nenne ihn den Magnetenwitz: Der Mensch besteht aus Körper und Geist. Der Körper ist an die Materie gebunden und bleibt daran kleben wie eine Fliege auf dem Leim und der Geist ist an die weitere Umgebung gebunden, nämlich soweit er sie verstandesgemäß erfassen kann, und macht dann in ihr die lustigsten Kapriolen, wie der Löwe im Käfig. Man muß dabei nur aufpassen, daß der Löwe nicht zum Fliegenfänger wird!

Immerhin, der große Verstand des Menschen hat es ja schon soweit gebracht, daß der Körper fliegt. Das Dumme ist nur, daß er immer wieder auf die Erde zurückkommt, weil er in der Luft verhungern würde. Ich schreib das nur, weil ich Dir zeigen will, wie großartig das höchstgestellte »Gottesgeschöpf« ist. Der Mensch hat einen Vorteil vor den anderen Geschöpfen nämlich: daß er einsehen kann, daß er entweder besser ist (das sind die dummen) oder daß er noch schlechter dran ist weil er einsehen kann wie wenig er taugt. Ein Tier z. B. macht sich darüber keine Gedanken. Es lebt einfach so dahin. Der Mensch jedoch der lebt zwar auch, macht sich aber außerdem Gedanken über das Leben! Wie dumm von ihm.

Auf diese Idee bin ich gekommen, weil ich mir über das Leben Gedanken gemacht habe. Wenn du jetzt nicht lachst, hast du mich mißverstanden. Der Mensch ist ein gut durchdachter Haufen Dreck. Entweder er denkt nach und kommt dann zu dem Schluß, daß man nicht nachdenken soll, oder denkt nicht nach und hat damit die Eigenschaft vernachläßigt, die nur ihm eigen ist. Wunderbar!

Wenn ich so schreibe fühle ich mich recht wohl. Z.B.

was hältst Du von Moral? Ich hoffe, nicht viel. Was ist sie auch schon? Vom Menschen aufgesetzte Schranken gegen den Naturtrieb der Ausnutzung der Bequemlichkeit und Sinnlichkeit. Hurra! Ich habe die Menschen ertappt! Diese feigen Memmen, die vor Schamhaftigkeit in den Boden sinken wollen – vor sich selbst natürlich.

Wenn eine Frau sich zum Beispiel ein Kleid mit tiefem Ausschnitt anzieht, ist das natürlich in Ordnung, obwohl es natürlich nur zu »ganz bestimmten Zwecken« dient. Zeigt sie sich aber völlig entblößt, dann ist es schamlos. Nimms mir nicht übel, aber ich halte von diesem Versteckspiel recht wenig, zumal die Verstecke recht offensichtlich sind.

Was ich sage ist wahr und ich weiß, daß Du es glaubst. Unterstütz mich im Lachen und sage Dir, wie ich es auch tue: Entweder bin ich verrückt oder die anderen, auf jeden Fall sind wir alle entsetzlich dumm.

Sei herzlich gegrüßt. Ein Kuss auf deine Hakennase. Ich könnte heulen

Dein Sohn Hanfried

„Kunst als Selbstbefriedigung wertlos"

Gernot Lenschow, Sergio Cuius bemalten drei Tage lang eine Wand

Von SZ-Mitarbeiterin Cornelia HEIM-DENNDORF

Action-Painting nannten sie ihr Tun im Café. Der offene Austausch mit den Cafébesuchern war Gernot Lenschow und Sergio Cuius, den beiden Künstlern, die sich eine ganze Wand als Zielscheibe ihrer Malerleidenschaft ausguckten, wichtig: „Ich suche die Auseinandersetzung mit dem Publikum, finde es immer schade, wenn dieses einfach mit vollendeten Tatsachen konfrontiert wird. Kunst als Selbstbefriedigung bringt nichts."

Trotz der Impulse von außen, haben sich die Künstler nicht von ihrem Konzept abbringen lassen. Die Erkenntnis für Lenschow: „Ich weiß jetzt, daß ich diese Riesenfläche packen kann, ohne daß sie zerfällt und ohne daß der Raum kaputtgemacht wird." Schon einmal, etwa vor vier Jahren in Bremen, hat sich der noch nicht 48jährige an ein ähnliches Projekt gewagt.

Daher sein spontanes Ja zu dem Vorschlag aus dem Café. Auch wenn der Ausstellungswand demnächst der Baggerzahn droht, bricht für den in Magstadt wohnenden Lenschow seine Kunstwelt nicht zusammen – „Ich halte nichts von Ewigkeitswerten."

Was soll denn der Betrachter von seinem Oeuvre halten? Gewissermaßen ratlos der erste Eindruck. Was sieht das unbedarfte Auge: Vor einem hell-violetten Hintergrund prangen sechs verschiedenformatige Vierecke, mal längs, mal quergelegt. Einen Strich durch diese vollgekleisterten Bettlaken machen rot-weiße Diagonalstreifen. Stirnrunzeln. Die obligatorische Frage nach dem Sinn solcher abstraktionshaltigen Kunstdarbietung drängt sich auf. Eine „Persiflage von Ausstellungswänden" lautet die Antwort aus des Künstlers Munde.

Okay, durchaus einleuchtend, die Bettlaken symbolisieren die Leinwände, aber die rot-weißen Querbalken? „Na, wenn ich es ohnehin durch den Kakao ziehe, kann ich das ganze auch gleich durchstreichen", die Replik des gebürtigen Kielers. Aber, und das ist ihm wichtig, „ich hab' zwar die Idee der Ausstellungswand in ein integriertes Bild umgesetzt und im einzelnen lächerlich gemacht, doch das Gesamtwerk ist nicht unseriös."

Ohne Sendungsbewußtsein und Programm hantiert Gernot Lenschow seit nunmehr 32 Jahren mit Farbe und Pinsel. Von der „art informelle" komme er. Der Kontrast zwischen organischen und konstruierten Elementen, die Pop-Artistik, reize ihn. Hauptberuflich ist Lenschow Lehrer an der Gottlieb-Daimler-Schule. Er male nicht aus Spaß, sondern „es ist meine Art mich auszudrücken". Malerei als Medium der Selbstdarstellung.

Sindelfinger Action-Painting

Gemälde entstand im Café

Das Drei-Tage-Werk, es ist vollbracht. Die Wand hat ein neues Gesicht. Setzt man jetzt einen Fuß über die Schwelle des Cafés in der Turmgasse, stolpert man nicht mehr über Malerutensilien, macht sich kaum noch intensiver Farbgeruch bemerkbar. Lediglich die Wand, vom Eingang aus die linke, sticht ob ihrer großflächigen Bemalung ins Auge. Gernot Lenschow (links) ist

zusammen mit Sergio Cuius (rechts) auf die Leiter gestiegen. Ihre Ko-Produktion entstand vor den Augen der Café-Besucher. Die Wandmalerei hat eine lange Tradition. Ihr Ursprung findet sich in Kult und Mythos, siehe die altsteinzeitlichen Felsbilder (ausführlicher Bericht folgt).

coh/SZ-Bild: Stampe

Während der Zeit über die
die anderen Zeiten noch stritten:
Der Abend, der Morgen,
der Osten,
stand sie auf
die Frange,
ob der Pilz auch Zähne hätte
es gab keinen der ja sagte
und keinen, der nein sagte
und keinen der nichts sagte

Wer ist so schön
daß er nicht seine Trommelfelle
vergolden wollte,
um nicht zu hören,
was er wirklich sollte?

Nachdem er längst
das Zeitliche gesegnet hatte
und seinen
Wurmfortsatz
nicht mit den Händen
greifen konnte
wie kann er da
und will auch
wenn er könnte
da ?

Der Nebel hatte sich verschlichen
er zog von Tal zu Tor
und war auf der Reise verblichen
– einen Riegel davor!–
und fort mit dem Flor
und dem Winterchlor
der kaltgewordenen Hygiene.
Ich denke an Lenex
und an die lange Zeit davor.

Als es elf schlug

und der Wein nicht mehr brannte

und die gelben Blüten verwelkten

daß es die Bäume biß

und sie über

die Jahreszeit klagten,

das Moos die Lockenwickler verkaufte

um alleine zu wachsen,

verlernten wir,

die Stunden zu zählen

um uns Besserung zu verschaffen;

denn nie War es genug

und niemand half,

ein gewisses Gewissen zu betäuben.

Die Sicherheit der kleinen

Matrazen fällt aus, fort.

GASTBEITRÄGE

Blancheflor

Mein Papa

13. Dezember 2018

Mein Papa. Der hat Hütten in den Bäumen gebaut, eine Seilrutsche, eine Bungeejumpingstation, eine kleine Bahn mit echten Schienen, der hat Motorräder repariert, Schaukeln und Rutschen installiert ...

Mein Papa. Der hat mich auf seinen Schultern getragen, mit nur einer Hand in die Luft gehoben, mit mir Händchen gehalten, als wir zusammen liefen ...

Mein Papa. Der hatte Leidenschaften: Der hat Modellflugzeuge gebaut und bemalt, der sammelte Modellzüge und Edelsteine, der interessierte sich für Naturheilkunde, der konnte fast alle Instrumente spielen, der komponierte, der liebte Katzen ...

Mein Papa. Der fuhr uns im Sommer zum Campingplatz, wir spielten Karten, wir gingen an den Strand, wir fuhren Fahrrad. Mein Papa. Der kaufte mir einen Berliner, wir gingen zum Markt, wir hielten an, um Straßenmusik zu hören, wir gingen ins Restaurant ...

Mein Papa. Der hörte mir beim Singen zu.

Mein Papa. Der hörte mir beim Reden zu.

Mein Papa. Der war aufmerksam. Der hat Liebe geschenkt.

Und ich. Ich schenke dir Liebe in diesem Brief mit all den schönen Erinnerungen!

15. März 2022

Der authentische Brief. Den habe ich meinem Vater zu Weihnachten eigenhändig übergeben. Er konnte noch lesen, aber wusste nicht, was er davon halten sollte. Das war Lebwohl. Lebwohl zu meinem echten Papa, der noch nicht trank. Zu meinem authentischen Papa.

Mein Papa. Der steht heute nicht mehr auf. Wie viele Tage bleibt er noch unter uns? Ich frage mich, wohin er dann geht. Welche Persönlichkeit von ihm berücksichtigt wird, wenn er gehen muss. Hoffentlich die meines Papas, der mich auf seinen Schultern trug.

Constantin Kreuzgang

Der Sterbende, im Moment zwischen Tod und Ewigkeit

»I am going to that country which I have all my life wished to see.«
William Blake auf seinem Totenbett

Morgenluft schwebt durch das offene Fenster. Wo
Stille
Liegt auf des Schlafenden Kissen. Ein Duft von
Rosen
Umschwebt seinen Odem. Die offene Bibel. Gottes
Wille,
Ist es zu vollenden; Seine Lieben, im Engen zu lieb-
kosen.

Glockenklang über dem Hügel. Er träumt im wei-
chen
Gras, wo Vögel singen, Bienen summen, Winde
streichen.

Ferne Welten sieht er nun, ist der weißen Wolken
Reiter.
Wir ahnen es nur. Sehen einzig nur starr den seinen
Körper, als fort er zu der Insel mit den seligen
Hainen
Fährt, unsterblich, wo ihn empfangen Gottes Engel
heiter.

Tränen rinnen. Auf seinen Augen liegt der letzte
Schimmer;

Fort nun, fort. Golden fällt der neue Tag ins leere
Zimmer.

Da! Der erste Moment. Ein neuer Lenz tritt durch
das Tor.
Er frohlockt, denn die kranke Nacht ist nun gefal-
len.
Ein neues Jerusalem. Ewigkeit! Singt der Engel heil-
ger Chor.
Wir bleiben zurück: Seine Worte aber in Gottes Na-
men hallen.

Lorcan Redmond

Müde

Ich bin müde, seitdem du von dieser Welt gegangen bist. Müde von den ganzen Fragen, die wohlwollend gemeint sind, aber nicht von dir kommen. Ich bin müde, zuzusehen, wie dein Dasein langsam in Augen anderer verschwindet. Die Fragen kamen einst von dir, und ich konnte Antwort geben. Nun führe ich einen Monolog mit mir selbst, wie es scheint. Manchmal noch das Gefühl im Raum, dass du dort bist. Da, greifbar und nah. Bist du es? Noch irgendwo, irgendwie in irgendwelchen Welten unterwegs?

Ich bin müde. Müde von den Antworten, die ständig auf mich einprasseln von den Menschen, die denken, mich zu verstehen. Ein Gutgemeintes »Kopf hoch« hilft nicht, das innerliche sowie äußerliche Chaos etwas un-chaotischer zu machen. Es gibt keine Worte, keine Antwort auf das, was ich fühle. Vielleicht aber, nur vielleicht hilft eine Frage wie: »Heute schon gelacht?«

Alexander Kiensch

Von Angesicht zu Angesicht

Die Tür schwingt auf, und ich weiß, dass es mit meiner Ruhe schon wieder vorbei ist. Drei Minuten Stille, wenns hochkommt, mehr scheint mir dieser Tage nicht vergönnt zu sein. So weit ist es schon gekommen: Drei Minuten auf dem Klo im Krankenhaus sind der stillste, entspannendste Moment meines Tages. Und auch der befriedigendste – nicht nur wegen der hastig gepafften Kippe, sondern auch wegen der dringend nötigen Darmentleerung.

Aber kaum kann ich ganz kurz die Augen schließen und diese Dreifaltigkeit aus schönen Gefühlen – Druckablass unten, Suchtbefriedigung oben, Stille um mich rum – wirklich zur Kenntnis nehmen und genießen, da schwingt bereits die Tür auf.

Das heißt, sie schwingt nicht einfach auf.

Sie wird aufgestoßen, jemand eilt herein und wirft sie krachend hinter sich zu (wenn schon Schluss mit Stille, dann richtig), hastet offensichtlich kurz bei den Waschbecken hin und her und kommt dann in den WC-Raum.

Bevor ich mir ob dieses nicht ganz alltäglichen Toilettengangverhaltens Sorgen machen kann, ruft auch schon eine Stimme fast direkt vor meiner Kabine: »Hallo? Ist jemand hier?«

Eine Sekunde überlege ich, einfach nicht zu antworten. Dann sehe ich zwei Dinge gleichzeitig. Vor meinem geistigen Auge: wie die Person die Kabinentüren aufdrückt, um auf Nummer Sicher zu gehen, dass sie allein ist. Vor meinem körperlichen Auge: dass ich die Kabine nicht verriegelt habe.

»Hier! Ich!«

Kurz Schweigen. Schweres Atmen. Die Sorgen kommen zurück. Dann wieder die Stimme, jetzt ein klitzekleines Stückchen weniger aufgeregt: »Okay. Tut mir Leid. Nicht erschrecken. Das wird gleich laut.«

Ich muss grinsen. Junge, was glaubst du, wie froh ich war, hier allein zu sein? Die Lautstärke, mit der sich meine Därme entleert haben, hätte mir entweder besorgte Nachfragen oder anerkennenden Applaus eingebracht.

»Kein Problem.«

Er setzt sich wieder in Bewegung, geht zur letzten Kabine, schließt die Tür, verriegelt sie auch nicht, jedenfalls höre ich kein Schnappen. Ich will ihn gerade darauf hinweisen, da legt er los.

»SCHEISSE!«, brüllt er aus voller Kehle. Es folgen einige unartikulierte Schreie, echte Schreie, so tief und laut und dröhnend, wie ich sie außerhalb von Horrorfilmen noch nie gehört habe. »Scheiße! So eine beschissene Drecks-SCHEISSE! Fuck! Fuck! Verdammte Mist-Scheiße!«

Mit hochgezogenen Brauen sitze ich da und bin plötzlich verdammt froh, dass ich mein Geschäft schon erledigt habe. Nach der Nummer käme nichts mehr, und wenn ich platzen würde.

Es bleibt eine ganze Weile still. Na ja, fast. Sein schweres Atmen ist bis hierher zu hören. Nach einem Augenblick fängt er auch offenbar an, in der Kabine hin und her zu tigern, was nicht mehr als ein bis zwei Schritte pro Richtung sein können. Er klingt ein wenig wie ein Tier in einem viel zu kleinen Käfig. Tausend Stäbe und dahinter keine Welt.

»Danke für die Warnung.« Ich versuche, meine Stimme so ruhig wie möglich klingen zu lassen. »Das kam echt unerwartet.«

Das Tigern hört auf. »Ja. Sorry. Tut mir Leid. Ich … das musste nur raus. Irgendwie.«

»Junge, wenn nicht hier, wo dann?«

Einen Moment kehrt die Stille voll zurück. Dann lacht er. »Ja, Mann, das stimmt. Scheiße.«

Wieder schweigt er. Sein Atmen bleibt schwer, wird aber etwas regelmäßiger, soweit ich das von hier beurteilen kann. Er beginnt wieder hin und her zu gehen, langsamer jetzt, etwas ruhiger.

Ich nehme einen Zug von meiner fast am Filter angekommenen Zigarette. »Hats denn wenigstens geholfen?«

Er stößt ein abgehacktes Lachen aus. »Ja. Nein. Na ja, für den Moment halt. Wie gesagt, das musste einfach mal.«

Ich nicke. »Darf ich denn fragen, worums geht?«

»Interessiert dich das?«

»Na wenn ich schon frage, kannst du davon ausgehen, dass es mich interessiert. Ich verstehe natürlich, wenns mich nichts angeht.«

Diesmal dauert das Schweigen länger. Die Geräusche aus seiner Kabine hören auf. Ich kann regelrecht vor mir sehen, wie er da steht, die Stirn in Falten gelegt, und überlegt, ob er antworten soll. Einem Wildfremden auf einem Krankenhausklo. Andererseits hat er sich diesem Fremden gerade schon von einer reichlich persönlichen Seite gezeigt. Einer Seite, die man nicht so höflich weg ignorieren kann, wie man das mit den üblichen Geräuschen an diesem Ort tut.

Ich will gerade einen weiteren, vielleicht schon letzten Zug von meiner Kippe nehmen, da legt er los. Seine Stimme klingt schlagartig wieder angestrengter, bedrückter, lauter.

»Meinem Vater wird heut das Scheiß-Bein abgenommen, darum geht's. Scheiße, verdammt. Man steht da wie so'n verfluchter Idiot und kann nichts machen, und die erklären dir, was sie alles tun und worauf sie achten und wie das läuft. Als ob das wen interessiert. Mann, die nehmen ihm sein Scheiß-Bein ab, darum geht's! Ist doch scheißegal, ob die das mit chirurgischen Instrumenten oder ner Scheiß-Holzfäller-Axt machen!«

Ich wackle mit dem Kopf. Der Vater hätte dazu vielleicht eine andere Meinung. »Das ist auf jeden Fall ein Grund zum Schreien. Tut mir echt Leid, Mann. Hatte er nen Unfall?«

Es klingt, als spucke er die Kabinenwand an. »Das Scheiß-Rauchen, Mann! Mein Vater raucht, seit er 14 ist, sagt er. Jetzt ist er über 60! Fünfzig Jahre, verdammte Scheiße! Das ist so scheißdumm! Seit 30 Jahren stehe ich daneben und guck zu, wie er eine Packung am Tag verdrückt, und du kannst reden, wie du willst, ihm Studien vorlegen, Ärzte zitieren, alles! Alles scheißegal! Und jetzt wird ihm das Scheiß-Bein abgenommen wegen dem Scheiß-Rauchen! Scheiße!«

Hastig wedele ich mit der Hand vor meinem Gesicht herum, um den Rauch zu verteilen. Seine immer wütender werdende Stimme lässt es mir plötzlich total möglich erscheinen, dass er einfach durch alle Kabinenwände zu mir durchbricht. Ich räuspere mich. »Na ja, um ihn ein klein wenig in Schutz zu nehmen: Wenn man schon so früh anfängt und so lange und viel raucht, ist es wirklich unheimlich schwer, damit aufzuhören. Das ist ne Sucht, das hat mit Fakten und Vernunft herzhaft wenig zu tun.« Schweigen. Oh Gott, bereitet er sich vor, die Trennwände einzureißen? »Aber natürlich ist das richtig Mist, ganz klar! Und es tut mir ehrlich Leid für dich. Das muss verdammt schwer sein.«

Ein tiefes Ausatmen. Ich kann richtig sehen, wie seine Schultern einsacken. Die Wut, die Energie, alles ist weg. Was bleibt, ist Traurigkeit. »Ich kann ja nicht mal mehr mit ihm reden.« Seine Stimme ist jetzt urplötzlich so leise, dass ich mich anstrengen muss, ihn zu verstehen. »Ich besuche ihn, wir reden übers Wetter, und das wars. Wenn ich nur an das Thema denke, platzt mir ne Ader.« Wieder ein tiefes Ausatmen. »Und als ich ihn vor der OP hier besucht hab, wie er da im Bett lag, im Krankenhaushemd. Scheiße, Mann, er war alt. Einfach alt, mit grauen Haaren und Falten und so. Er wirkte so scheißschwach. Und ich steh da und kann nichts tun. Kann einfach überhaupt nichts für ihn tun.«

Ich presse die Zähne aufeinander. Dieses Gefühl kenne ich nur zu gut. Dieses Gefühl ist hier allgegenwärtig. Mittlerweile glaube ich, dass Krankenhäuser hauptsächlich aus diesem Gefühl bestehen. Hilflosigkeit. Alles, was du dir dein Leben lang aufgebaut, erkämpft und verteidigt hast, wird hier als Illusion hingestellt. Du glaubst, du hast dein Leben im Griff, alles läuft gut, du weißt, was kommt? Leck mich und nimm das hier! Du erziehst deine Tochter, stehst nachts auf, wenn sie weint, spielst mit ihr im Garten, bringst sie zur Schule, tröstest sie, unterstützt sie, tust alles erst, nachdem sie versorgt ist. Und dann wird sie erwachsen und braucht deine Hilfe nicht mehr und kommt mit diesem Kerl zusammen, der glaubt, als Mann hat er das Recht, sie aus dem Fenster zu werfen, wenn sie sich trennen will, und in der Scheiß-Blut-und-Boden-Zeitung, auch genannt Bild, steht was von Beziehungs-Drama! Fickt euch! Und sie liegt im Koma, und aus Tagen werden Wochen, und du kommst jeden einzelnen Scheiß-Tag her, und nichts ändert sich, außer der Blick der Ärzte, wenn sie mit dir reden, ganz allmählich, kein Heraus-forderung-angenommen-Blick mehr, nur noch ein Je-den-Tag-dieselbe-Scheiße-Blick, und du kommst trotz-dem jeden Tag wieder her, und alles, was dir bleibt, sind drei Minuten auf dem Krankenhausklo mit Kippe und Kacken. Das wars. Darauf hast du drei Jahrzehnte hingearbeitet. Danke.

Jetzt ist es an mir, tief einzuatmen. Die Augen zu schließen. Zu lächeln, ganz ohne mein Zutun. Ich weiß nicht, wie lange wir nach seinen letzten Worten ge-schwiegen haben. Ich höre, wie er seine Kabinentür aufmacht und wieder rauskommt. Langsamen Schrittes geht er jetzt, bis er vor meiner Kabine anhält. Ich lächle die Kabinentür an. Vielleicht spürt er es ja.

»Tut mir Leid«, meint er leise. »Ich wollte dich nicht mit meinem Scheiß belästigen.«

Ich lache auf. »Ich schätze, damit muss man hier rechnen.«

Er lacht ebenfalls. »Ja, kann sein. Oh Mann.«

»Vielleicht darf ich dir trotzdem einen Rat geben. Du musst ihn ja nicht befolgen. Und ich kenne dich ja immer noch viel zu wenig, also wenns nicht passt, ist auch gut. Aber ich bin selber Vater. Und ich sage dir:

Sprich mit deinem Vater. Nach der op. Sag ihm, warum du oft so schweigsam bist. Was dich bedrückt. Und hab keine Angst, dabei wütend zu werden, weil das Thema dich wütend macht. Deine Wut ist doch nichts anderes als Liebe. Du liebst ihn, und deshalb bist du wütend, weil es ihm jetzt so dreckig geht. Ich bin sicher, das wird er begreifen.«

Das längste Schweigen. Dann nur ein Wort, fast geflüstert. »Danke.«

Die Schritte entfernen sich zu den Waschbecken, die Tür geht auf und fällt wesentlich sanfter als vorhin hinter ihm ins Schloss. Ich sitze da, mit kalten Beinen und abgebrannter Kippe, denke daran, wie schwer es manchmal ist, weiterzumachen, und wie ungerecht einem alles vorkommt, und lasse zwei Fürze fahren, einer irgendwie fragend, der andere die Antwort.

Ungerecht, ja. Ungerecht und sinnlos. Scheißsinnlos. Tausend Stäbe und dahinter keine Welt. Aber was willst du machen.

Irgendwie geht es ja doch immer weiter, ob du willst oder nicht. In meinem Fall zum Beispiel, indem ich merke, dass in meiner Kabine das Klopapier ausgegangen ist.

Natürlich doch.

Danke.